THÉATRE DES VARIÉTÉS.

A LA BASTILLE

VAUDEVILLE EN UN ACTE

Par MM. XAVIER, DUVERT et LAUZANNE

Représenté pour la première fois, à Paris, sur le théâtre des VARIÉTÉS, le 6 mai 1850.

PRIX : 60 CENTIMES

Paris
BECK, LIBRAIRE
RUE GIT-LE-CŒUR, 12
TRESSE, successeur de J.-N. BARBA, Palais-National.

1850

A LA BASTILLE

VAUDEVILLE EN UN ACTE,

Par MM. XAVIER, DUVERT et LAUZANNE,

Représenté pour la première fois, à Paris, sur le théâtre des VARIÉTÉS, le 6 Mai 1850.

PERSONNAGES.	ACTEURS.
CHAMERLAN..	MM. ARNAL.
JEROME DURAFLÉ......................................	LECLÈRE.
UN GEOLIER...	CHARIER.
UN GUICHETIER..	Personnage muet.

La scène se passe sous le règne de Louis XV.

Les personnages sont inscrits en tête des scènes dans l'ordre où ils sont placés relativement au spectateur : le premier, à gauche, etc. Les indications de mise en scène sont données de la salle. Les personnages portent le costume bourgeois du règne de Louis XV.

Une prison. Fenêtre avec barreaux dans un angle, au fond, à droite ; la porte est au fond, à gauche ; elle s'ouvre sur le théâtre de manière à aller frapper le mur de gauche. La porte est garnie de très-gros verroux à l'extérieur Au premier plan, à gauche, contre la draperie, une petite tablette ; du même côté, sur le devant, une table rustique et une chaise de paille ; dans l'encoignure, a gauche, une cruche ; à côté de la cruche, adossée au mur de gauche, une malle ; à droite, une autre chaise.

SCÈNE PREMIÈRE.

DURAFLÉ, *seul, près de la fenêtre. (Ce personnage est naïf et bonhomme)*

C'est singulier... je n'aperçois nullement d'ici le faubourg Saint-Antoine, ni les boulevards... *(Descendant la scène.)* Dans quelle partie de la Bastille m'a-t-on fourré ?.. A la Bastille, moi ! moi... Jérôme Duràflé, le premier confiseur de la rue des Lombards... en entrant par la rue Saint-Denis... Je suis à la Bastille, au lieu d'être à ma boutique !.. Et pourquoi ?.. ah ! je crains de le deviner !.. c'est la poésie qui m'a perdu ! Pour plaire à celle que j'aime, j'ai fait des vers !.. et quels vers ! ils sont jolis... mais d'une hardiesse !.. *(Mystérieusement.)*

« On croit, non sans bonnes raisons,
« L'amour de toutes les saisons ;
« Il est le plus puissant monarque
« Que chacun, ici-bas, remarque ! »

C'est fichtrement bien tourné, mais c'est trop fort !.. *(Baissant la voix.)* Le roi Louis XV se sera offensé de ce que j'ose dire qu'un autre que lui est le plus puissant monarque !.. Et quel est ce plus puissant monarque ?.. *(En confidence, au public.)* L'amour !.. Il aura pris ça pour un coup de patte que je lui allongeais au sujet de madame de Pompadour... Et, ma parole d'honneur, je n'y pensais même pas !.. Je n'ai songé qu'à en faire des devises pour mes papillotes... ça flattait ma future, elle commençait à m'aimer... mais cet odieux rival, dont j'ai intercepté la lettre... il a beau jeu aujourd'hui ! *(Allant s'asseoir sur la chaise à droite.)* Ah ! que je voudrais donc être à ma boutique !.. *(Des coups sourds se font entendre sous le théâtre.)* Quel est ce bruit ?.. *(Indiquant la fenêtre.)* Oh ! ce sont les maçons que j'ai vus travailler au mur d'enceinte. *(Le bruit a cessé. — Duràflé se lève tout à coup en poussant un grand cri.)* Aïe !.. *(Il examine la chaise sur laquelle il était assis et aperçoit une broche qui, venant de dessous, a traversé la chaise.)* Quelle est cette lâche agression ?.. une sonde !.. suis-je en Turquie ?.. *(La broche s'agite. Il enlève la chaise.)* C'est de là que ça vient !.. *(Les coups recommencent plus distincts.)* Qu'est-ce qui se passe là-dessous ?.. *(Il s'éloigne à gauche.)*

SCÈNE II.

DURAFLÉ, CHAMERLAN.

CHAMERLAN, *sous le théâtre.*

Air : *Dans une tour obscure* (Richard.)

Dans une tour obscure

Un prisonnier languit!

DURAFLÉ.

Quelle voix retentit
Harmonieuse et pure?
Je vois le sol se soulever...
Quelqu'un vient-il pour me sauver?

(Il s'empare de la broche de fer, et s'en fait un levier, à l'aide duquel il soulève la dalle.)

CHAMERLAN. *(Personnage chaleureux, et très-énergique)* (1).

Secondez mon audace...
(Paraissant.)
Je renais au bonheur!

DURAFLÉ.

Ah! j'entrevois la face
De mon libérateur.

(Il aide Chamerlan à sortir.)

ENSEMBLE

Secondons son / Secondez mon audace;
Je renais au bonheur!
(Dans les bras l'un de l'autre.)
Combien je te rends grâce,
O mon libérateur!

CHAMERLAN, *le repoussant.*

Mais, ventre de biche! où suis-je donc ici?..

DURAFLÉ.

Dans ma prison!.. comment y êtes-vous parvenu, mon cher Monsieur?

CHAMERLAN.

En grattant nuitamment, à l'insu de mon geôlier, pour me frayer un passage souterrain.

DURAFLÉ, *naïvement.*

Sous mes reins?

CHAMERLAN.

Je croyais arriver sur le préau... et je suis tombé au milieu de vous!

DURAFLÉ.

En plein!.. n'importe... *(Chamerlan retire la broche qu'il porte au fond contre le mur, tandis que Duràflé replace la dalle.)* Un compagnon d'infortune... soyez le bienvenu. Prenez donc la peine de vous asseoir.

CHAMERLAN.

Bien obligé.

DURAFLÉ

Voudriez-vous vous rafraîchir?.. *(Il lui présente la cruche.)*

CHAMERLAN.

Merci... sans façons... Je sors d'en prendre... *(Duràflé remet la cruche dans le coin.)* Depuis un mois que je suis à la Bastille, c'est mon ordinaire.

DURAFLÉ.

Un mois!.. c'est comme moi, alors.

(1) Duràflé, Chamerlan.

CHAMERLAN.

Tel que vous me voyez, Monsieur, je suis une victime de l'injustice, peut-être même de l'erreur.

DURAFLÉ.

Encore comme moi.

CHAMERLAN, *étonné.*

Vous!.. vous n'êtes donc pas un assassin?

DURAFLÉ.

Quelle horreur!

CHAMERLAN.

Je le croyais... je me suis trompé... je ne vous en estime pas moins. *(Il lui donne une poignée de main.)*

DURAFLÉ.

Monsieur, je suis ici pour avoir fait de vers... du moins je le suppose...

CHAMERLAN.

Des vers?... serait-ce à M. de Voltaire que j'ai l'honneur de parler?

DURAFLÉ, *avec modestie.*

Moi?.. oh!.. des petits vers... mais diantrement scabreux, à cause du roi...

CHAMERLAN.

Du roi?..

DURAFLÉ.

Et de madame de Pompadour!.. vous ne me trahirez pas... *(Chamerlan fait un geste qui le rassure. Duràflé regarde autour de lui, et certain qu'on ne l'écoute pas, il dit :)* Voici :

« On croit, non sans bonnes raisons,
« L'amour de toutes les saisons
« Il est le plus puissant monarque
« Que chacun, ici-bas, remarque! »

CHAMERLAN.

Et puis?.. allez... soyez sans crainte.

DURAFLÉ.

C'est tout.

CHAMERLAN, *vivement.*

Vous n'êtes pas M. de Voltaire... vous me le dites, je vous crois!

DURAFLÉ.

Non, car...

CHAMERLAN, *l'interrompant.*

Je ne vous demande pas qui vous êtes!.. Eh! mon Dieu! je sais qu'une fois à la Bastille nous n'avons plus un nom... nous avons un numéro... moi, je suis le numéro dix-sept.

DURAFLÉ.

Moi, je suis cent vingt.

CHAMERLAN, *montrant la cruche.*

J'aurais dû m'en douter.

DURAFLÉ.

Ah!.. c'est un calembour!.. *(A part.)* Il est très-aimable... *(Haut.)* Attendez donc... il me semble que déjà...

CHAMERLAN.

Mais, plus je vous regarde...

DURAFLÉ.

N'alliez-vous pas autrefois...

CHAMERLAN.

Au café...

DURAFLÉ.

Du Châtelet ?..

CHAMERLAN.

C'est cela.

DURAFLÉ.

Un jour qu'il manquait un quatrième, j'ai fait votre partie de dominos.

CHAMERLAN.

Ah! sacrebleu! je vous remets parfaitement!.. C'est vous qui m'avez mis sur le dos une culotte...

DURAFLÉ, *sans comprendre.*

Une culotte?.. sur votre dos?..

CHAMERLAN.

C'est vous qui avez eu un coup de cent?

DURAFLÉ, *effrayé.*

Moi?..

CHAMERLAN.

Un coup de cent points.

DURAFLÉ, *comprenant.*

Ah! oui!.. oui!..

CHAMERLAN, *à part.*

Ah çà mais! il est fort bête!

DURAFLÉ.

Vous aviez pour partner...

CHAMERLAN.

Saint-Savin.

DURAFLÉ.

Vous connaissez Saint-Savin?

CHAMERLAN.

Ah! je devrais être chez lui en ce moment! Il m'avait engagé à aller passer quelque temps à sa campagne.

DURAFLÉ.

Comme moi.

CHAMERLAN.

C'est mon camarade de collége!

DURAFLÉ.

Et moi, je l'ai vu naître!

CHAMERLAN, *gaiement.*

C'est inouï ce qui nous arrive là!.. Deux vieux amis qui ne songeaient guère l'un à l'autre! Et c'est la Bastille qui nous réunit, comme deux perdreaux qui se retrouvent... (*Avec tristesse vaporeuse.*) dans un pâté!

DURAFLÉ, *avec bonheur.*

Mais quel heureux hasard!.. et que je suis donc content!..

CHAMERLAN, *très-joyeux.*

Permettez que je vous embrasse!

DURAFLÉ.

J'allais vous le demander. (*Ils se jettent de nouveau dans les bras l'un de l'autre.*)

CHAMERLAN.

Ce cher ami!.. Et comment passez-vous la vie ici?

DURAFLÉ.

J'élève des animaux... je les prive...

CHAMERLAN.

De nourriture?

DURAFLÉ.

Non, j'en fais ma société.

CHAMERLAN, *riant.*

Ah! ah! ah!... Eh bien! je conçois ça.

Air : *Au temps heureux de la chevalerie.*

Feu Pélisson avait, pour se distraire,
Une araignée adorable, dit-il,
Feu saint Antoine et saint Roch, son confrère,
N'étaient pas seuls non plus dans leur exil.
Plus isolé qu'un ermite, qu'un moine,
Je gémissais tout seul dans ma prison,
Comme à saint Roch et comme à saint Antoine
Le ciel enfin m'envoie un..... compagnon!

ENSEMBLE.

Comme à saint Roch, etc.

CHAMERLAN.

Et vous passez votre temps à priver des animaux!.. un prisonnier!.. mais moi, depuis un mois que je suis à la Bastille, voilà trente jours que je grifouille, que je mange des platras...

DURAFLÉ.

Des platras?...

CHAMERLAN.

Pour les dérober aux regards de l'autorité. Ma première tentative m'a déjà rapproché d'un ami; mais ce n'est pas assez... je sortirai de cette ratière, n'importe comment, n'importe par où! (*Il remonte.*)

DURAFLÉ (1).

Ah! cher ami, emmenez-moi!

CHAMERLAN, *redescendant.*

Eh bien! unissons nos efforts pour ficher le camp d'ici...

DURAFLÉ, *très-joyeux.*

Quelle image riante! (*A part.*) Moi, qui ai tant besoin à ma boutique! (*Haut.*) C'est convenu, l'un de nous ne sortira pas sans l'autre. (*Lui donnant la main.*) A la vie! à la mort!

CHAMERLAN.

Oreste et Pylade!

DURAFLÉ.

Philémon et Baucis!

CHAMERLAN.

Quoi! Baucis?.. une vieille femme?.. ça ne fait rien... Allons, allons, à l'ouvrage! (*Il va à la porte, qu'il examine.*)

(1) Chamerlan, Duraflé.

DURAFLÉ.

Volontiers. Allons! allons!.. (*Il s'assied à droite et semble réfléchir.*)

CHAMERLAN, *se retournant.*

Eh bien! vous vous asseyez?.. vous vous croisez les jambes!.. Hum! hum! vous m'avez l'air d'un gros molasse, vous!

DURAFLÉ.

Je ne passe pas pour tel à mes yeux.

CHAMERLAN, *venant à lui.*

Depuis un mois que vous êtes prisonnier, vous n'avez pas percé le moindre trou?

DURAFLÉ.

Pas le plus petit.

CHAMERLAN.

Vous n'avez pas fabriqué une échelle de cordes?...

DURAFLÉ, *se levant.*

Je l'aurais bien voulu... mais...

CHAMERLAN.

Que faites-vous donc de vos loisirs?..

DURAFLÉ, *naïvement.*

Je m'ennuie... Imaginez-vous que j'allais me marier...

CHAMERLAN.

Pas d'histoires!.. Avez-vous une scie, un vilbrequin, un marteau?..

DURAFLÉ, *vivement.*

Oui, j'ai tout ça...

CHAMERLAN.

Eh bien! dépêchons-nous!

DURAFLÉ.

J'ai tout ça chez moi... mais ici on n'est fourni de rien.

CHAMERLAN, *avec humeur.*

Ah! qu'est-ce que c'est qu'une prison comme ça, mon Dieu!.. Heureusement nous avons cette broche... (*Il va la prendre au fond.*) Je vais desceller les gonds de cette porte, démolir la muraille...

DURAFLÉ, *se mettant devant lui et l'arrêtant* (1).

Monsieur! Monsieur!... y songez-vous!.. Évadons-nous, bien! mais un bris de clôture!.. dégrader un monument de l'État!.. Diable!.. il y a une amende... c'est très-grave!.. Réfléchissez!

CHAMERLAN.

Quand il s'agit de nous frayer un passage, vous avez la faiblesse... (d'autres diraient la bêtise, mais moi je veux bien dire la faiblesse...) vous avez la bêtise de reculer devant un bris de clôture.

DURAFLÉ.

Mais...

CHAMERLAN.

Pour échapper à la tyrannie, tous les moyens sont bons.

(1) Duràflé, Chamerlan.

DURAFLÉ.

D'accord.

CHAMERLAN.

Il n'y a que les mauvais qui ne valent rien.

DURAFLÉ.

Je suis de votre avis.

CHAMERLAN.

Vous alliez vous marier, dites-vous? En restant ici, ne craignez-vous pas que votre future ne vous fasse des tours?.... et même des doubles tours?...

DURAFLÉ.

Sa moralité me rassure un peu.

CHAMERLAN.

Mais votre physique doit vous inquiéter beaucoup.

DURAFLÉ.

Franchement, je ne suis pas sans crainte... car imaginez-vous que j'ai intercepté une lettre..... deux lettres même..... de deux écritures différentes...

CHAMERLAN.

C'est le double tour, alors... (*Il remonte et n'écoute plus Duràflé.*)

DURAFLÉ.

L'une était sans signature... l'autre était signée d'un certain...

CHAMERLAN, *redescendant et l'interrompant vivement.*

Pas d'histoires! vous me conterez ça quand nous serons dehors.

DURAFLÉ.

Ah! cet espoir me ranime! à l'œuvre! (*Ils remontent tous les deux.*) Brisons!

CHAMERLAN (1).

Démolissons!

DURAFLÉ.

Aux armes! (*Il prend la broche.*)

ENSEMBLE.

Aux armes! (*Ils s'élancent vers la porte; au même instant, on entend une voix au dehors.*)

DURAFLÉ, *s'arrêtant.*

Chut!

CHAMERLAN, *de même.*

Qu'est-ce?

DURAFLÉ.

On vient... mon geôlier, sans doute... rentrez!

CHAMERLAN.

Du tout! quelle idée!.. (*Il le fait redescendre.*) Dès qu'il se montrera, jetez-vous sur lui... embrochez-le!.. une fois mort, je me charge du reste.

DURAFLÉ.

Hein?..

CHAMERLAN.

Je me charge... de lui chiper adroitement son trousseau de clefs, sans qu'il s'en aperçoive.

(1) Chamerlan, Duràflé.

DURAFLÉ.

Monsieur! pour qui me prenez-vous? Evadons-nous, bien! mais pas de voies de fait!

CHAMERLAN.

Ah çà! mais... vous vous opposez à tout!.. vous reculez devant les moyens les plus élémentaires!.. vous êtes une oie... Donnez-moi la broche!..

DURAFLÉ.

Jamais!.. Ah! plutôt... (*Après une courte lutte il arrache la broche des mains de Chamerlan qui va trébucher à gauche. Duraflé jette la broche par la fenêtre.*)

CHAMERLAN.

Malheureux!.. Il a plongé la broche dans l'éternité!.. n'importe! l'affaire me regarde! (*On entend tirer les verroux. Chamerlan se met dans le coin à gauche, de manière à ce que la porte, en s'ouvrant, le couvre; il s'empare de la cruche et la soulève comme pour en assommer le geôlier.*)

Air : *Allez retrouver votre père* (Famille du Fumiste).

CHAMERLAN, *à part.*

Gredin! allons, passe la porte!
Est-il cloué sur le palier!
Je voudrais pourtant faire en sorte
D'avoir le trousseau du geôlier.

DURAFLÉ, *à part.*

Le gueux n'irait pas de main morte?
Il assommerait le geôlier!
Dieu! le voilà! faisons en sorte
Qu'il ne passe pas le palier.

(*La porte s'ouvre, Chamerlan se dispose à frapper.*)

SCÈNE III.

CHAMERLAN, LE GEOLIER, DURAFLÉ. *Le geôlier porte le costume traditionnel, il a un trousseau de clefs.*

LE GEÔLIER, *à Duraflé.*

Venez! on vous d'mande à la geôle!

DURAFLÉ, *courant se placer entre Chamerlan et le geôlier, et empêchant ce dernier de descendre* (1).

J'y vais!.. inutil' de m' sommer...

CHAMERLAN, *à part.*

Il s'entend donc avec ce drôle,
Pour m'empêcher de l'assommer!

ENSEMBLE.

CHAMERLAN.

Gredin! allons, passe la porte! etc.

DURAFLÉ, *à part.*

Le gueux! n'irait pas de main morte! etc.

LE GEÔLIER, *à Duraflé.*

Vous restez là comme un cloporte;
Obéissons sans sourciller :
Car je dois refermer la porte,
En ma qualité de geôlier!

(*Le geôlier et Duraflé sortent; la porte se referme : on entend le bruit de la serrure et des verroux.*)

(1) Chamerlan, Duraflé, le geôlier.

SCÈNE IV.

CHAMERLAN, *seul.* Pas moyen!.. (*Il replace brusquement la cruche dans le coin, et vient s'asseoir près de la table sur laquelle il s'accoude.*) Après ça, mon compagnon a peut-être bien fait de mettre obstacle à mon mouvement de vivacité!.. (*Se levant.*) Mais pourquoi m'a-t-on fourré ici? Le gouvernement n'a pas daigné me notifier la cause de mon incarcération, à moi, commis aux aides et gabelles!.. Il me fait des cachotteries... Ah! les gouvernements!.. et pendant qu'il me tient enfermé sous les *verrouils*, il est capable de me destituer parce que je ne vais pas à mon bureau! (*Allant se rasseoir avec humeur.*) Voilà les gouvernements! ma destinée est bien singulière... J'adore... (*Se levant et venant sur l'avant-scène, change d'intonation et dit d'une façon confidentielle.*) J'adore une femme charmante, que je rencontrais chaque jour à Fontainebleau, dans le parc, dans la forêt, partout!.. Certes, je suis loin d'avoir la fatuité de prétendre qu'elle me suivait; mais... (*Très-affirmativement.*) Je le crois!.. Tout à coup, elle disparaît... J'apprends qu'elle est retournée à Paris auprès de son tuteur, un vieux marouffe qui va la contraindre à l'épouser... Je suis les traces de mon Emilie, je lui écris : « Je vous aime (*Affirmativement.*) et vous m'aimez! Si votre tuteur « veut s'opposer à notre union, il ne périra que « de ma main. Je vais m'occuper de lui, et je « signe de mon nom : Cyprien Chamerlan. » Je me rends aussitôt chez mon ami Saint-Savin... il est secrétaire intime de M. de Lavrillière, ce noble duc, qui a le monopole des lettres de cachet, et qui pourrait faire mettre toute la France à la Bastille... si cette mesure lui paraissait nécessaire à la tranquillité publique. Je demande à Saint-Savin une lettre de cachot... (*Se reprenant.*) de cachet. (*Vivement.*) Cachot, cachet, cachet, cachot... c'est la même chose... en faveur du tuteur d'Emilie... Il sourit, il trouve mon idée ingénieuse et pratique. (*D'un ton joyeux.*) Je rentre chez moi, je me couche en proie aux idées les plus riantes, et pendant la nuit... (*Avec mauvaise humeur.*) On me pince!.. on me pince dans mon lit, dans mon propre lit, à moi! c'est moi qu'on arrête, c'est moi qu'on fourre dedans!.. Vous me direz à ça : c'est une erreur!.. (*Avec beaucoup d'humeur et comme s'il discutait.*) Mais je vous trouve charmant avec votre mot : c'est une erreur!.. (*Appuyant.*) C'est une horreur! voilà ce que vous voulez dire... Je n'en suis pas moins prisonnier, et, pendant ce temps-là, mon Emilie va devenir la proie de son minotaure!

Air des *Scythes.*

De cette infernale bastille
Je voudrais fuir, mais par où, s'il vous plaît!
Partout des murs, des verroux, une grille :
(Il les indique du geste.)
Destin cruel! ah! que ne suis-je lait!
En ce moment je voudrais être lait!
Oui, car le lait, quand la chaleur le frappe,
Dans sa cass'rol' prompt à s'émanciper,
A gros bouillons de sa prison s'échappe...
Et moi je bous, sans pouvoir m'échapper!
Le lait bouillant de sa prison s'échappe...
Si j'étais lait, je pourrais m'échapper!
Et je bous, sans pouvoir m'échapper!
Oui, je bous, etc.
(Il s'est rapproché de la fenêtre.)

Ciel!.. que vois-je?.... là-bas, sur la terrasse!.. Je ne me trompe pas... *(Avec joie.)* C'est elle... Emilie!.. Emilie!.. *(Il tire son mouchoir qu'il agite entre les barreaux.)* Elle sera venue pour solliciter ma mise en liberté... Faut-il qu'elle m'aime!.. *(Il agite encore son mouchoir.)* Elle ne me voit pas! *(Avec désespoir.)* Et ne pouvoir la rejoindre! *(Il secoue violemment un des barreaux de la fenêtre; le barreau cède et lui reste dans la main.)* Grand Dieu! j'ai détaché ce barreau!.. J'ai arraché une dent à la Bastille!.. Eh bien! tant mieux!.. Il s'agit maintenant... *(Il passe sa tête par la fenêtre.)* Mais il me faudrait une échelle de cordes... Ah!.. d'abord... *(Il remet le barreau.)* Une échelle de cordes!.. c'est presque impossible à faire, surtout quand on n'a pas de cordes... cherchons!.. *(Il va ouvrir une malle, qui est placée dans le coin à gauche, à côté de la cruche.)* Peut-être que mon collaborateur... grand Dieu! des chemises!.. Il a des chemises!.. *(Il en prend une.)* Ce luxe! quelle trouvaille! ça va nous faire une échelle magnifique... *(Déchirant la chemise en deux.)* en les éfilochant un peu!.. Mazette!.. beau linge!.. *(Nouant ensemble les deux manches de la chemise.)* Et dire que mon brave compagnon n'avait pas songé à tirer parti... va-t-il être content de mon idée!.. *(On entend le bruit des verroux.)* On vient! *(Il remet à la hâte la chemise dans la malle, qui reste ouverte, et reste blotti derrière la porte qui s'ouvre.)*

SCÈNE V.

CHAMERLAN, LE GEOLIER, DURAFLÉ.

DURAFLÉ, *sur le seuil, au geôlier.*

C'est bien! c'est bien! mes compliments à M. le gouverneur.

LE GEÔLIER, *le poussant rudement.*

Mais entrez donc! *(Il sort et referme la porte et les verroux.)*

CHAMERLAN, *descendant* (1).

Je l'échappe belle!

DURAFLÉ, *apercevant Chamerlan.*

Comment? pas rentré? tant mieux. *(Très-joyeux.)* Ah, mon brave ami! félicitez-moi... vous voyez un homme gai!

CHAMERLAN, *très-joyeux.*

Pas plus que moi... je suis ravi!

DURAFLÉ.

Moi, je saute! je ris!.. *(Il rit.)* Ah! ah! ah!

CHAMERLAN.

Moi, je chante... *(Chantant.)*

Où allez-vous, monsieur l'abbé,
Vous allez vous casser le nez,
Le soir et sans chandelle...

(S'arrêtant devant Duraflé, qui chante en même temps que lui l'air de la Monaco.)

Parlé. Eh bien?

DURAFLÉ.

Je me retiens pour ne pas pousser des cris de joie.

CHAMERLAN.

Que vous est-il donc arrivé?

DURAFLÉ.

Et à vous?..

CHAMERLAN.

Oui, à vous.

ENSEMBLE, *après un moment d'attente réciproque.*

Imaginez-vous... *(Ils s'arrêtent court.)*

CHAMERLAN.

Allez...

DURAFLÉ.

Non, vous...

ENSEMBLE.

Imaginez-vous, mon cher ami... *(S'apercevant qu'ils parlent ensemble, ils s'arrêtent et disent ensemble :* Ah!

DURAFLÉ, *vivement.*

Apprenez donc que le gouverneur...

CHAMERLAN, *de même.*

Nous sommes sauvés!

DURAFLÉ.

On va m'envoyer un papier...

CHAMERLAN, *joyeux.*

J'ai une échelle de cordes!.. c'est plus solide!

DURAFLÉ, *joyeux.*

Une signature à donner... et je suis libre!

CHAMERLAN.

Libre!.. Eh bien!.. et moi?..

DURAFLÉ.

Vous?.. vous ne l'êtes pas... vous restez en prison.

CHAMERLAN.

Quelle est cette horreur?.. quand nous ne devions pas partir l'un sans l'autre... vous l'avez juré.

(1) Chamerlan, Duraflé.

DURAFLÉ.

Je ne l'ai pas juré... je m'y suis engagé seulement.

CHAMERLAN.

Eh bien ?..

DURAFLÉ.

Puisque j'y renonce... à mon engagement!..

CHAMERLAN.

Voilà donc cette amitié de Philémon et Baucis dont vous me parliez... quand moi, je travaillais pour vous sauver!.. (*Lui montrant la malle.*) Regardez!

DURAFLÉ, *allant à la malle, et en retirant deux chemises ; il en met une toute pliée sous son bras gauche et cherche à dénouer celle que Chamerlan a déchirée* (1).

Que vois-je!.. mes chemises?..

CHAMERLAN, *lui prenant la chemise pliée.*

Vous portez des chemises trop courtes... elles n'ont pas vingt-cinq pieds... (*Il déchire la chemise dans toute sa longueur et la sépare.*) Il me faut vingt-cinq pieds de cordes!.. mais nous n'avons pas un instant à perdre... (*Il noue la chemise qu'il a à celle que tient Duraflé.*) Où sont vos draps?.. ôtez vos habits... donnez-moi votre caleçon...

DURAFLÉ, *désolé et cherchant à retirer ses chemises des mains de Chamerlan.*

Ah! mes pauvres chemises!

CHAMERLAN, *sans lâcher.*

Il veut me voler mon échelle!

DURAFLÉ, *tirant toujours ses chemises.*

On vous en donnera des chemises à jabot!

ENSEMBLE.

Air : *Quel affreux mariage* (Impressions de voyages, deuxième acte).

DURAFLÉ.

La fureur m'exaspère!
Je suis d'une colère!
Plus rien de vous à moi!
Chacun (*bis.*) chez soi!

CHAMERLAN.

Ah! ce trait m'exaspère!
Je suis d'une colère!
Plus rien de vous à moi!
Chacun (*bis.*) chez soi!

DURAFLÉ, *luttant toujours.*

Dans quel piteux état il a mis mes chemises!

CHAMERLAN.

Bah! vous en serez quitte pour y faire des reprises!

DURAFLÉ.

Des reprises à ça! perdez-vous la raison?
Il les faut donc
De quatre pieds de long!

(1) Duraflé, Chamerlan.

LE GEÔLIER, *en dehors, parlé.*

Oui, allez au numéro dix-sept.

CHAMERLAN, *avec effroi, parlé.*

Numéro dix-sept... chez moi!.. (*Il lâche tout à coup les chemises, que Duraflé tirait en sens contraire. Duraflé va trébucher au bout du théâtre, pendant que Chamerlan soulève la dalle.*)

REPRISE, ENSEMBLE.

DURAFLÉ, *à part.*

Le geôlier! sort prospère!
Grâce à notre cerbère,
Je reste seul chez moi :
Chacun (*bis.*) pour soi!

CHAMERLAN, *à part.*

La fuite est nécessaire;
Prévenons mon cerbère :
Tout m'en fait une loi,
Rentrons (*bis.*) chez moi!

(*Chamerlan disparaît.*)

SCÈNE VI.

DURAFLÉ, *puis* LE GEOLIER.

DURAFLÉ, *seul, remettant la dalle, avec joie.*

Enfin!.. m'en voilà débarrassé!.. cet animal aurait fini par me compromettre... (*Il détache une des chemises qu'il remet dans la malle et, pendant tout ce qui suit, cherche à dénouer l'autre sans y pouvoir parvenir.*) Au moment où je vais être relaxé... Et à qui dois-je ma liberté?.. (*Avec joie.*) A Émilie, je n'en puis douter... car c'est elle, c'est bien elle que tout à l'heure j'ai vue passer furtivement dans la cour; je l'ai parfaitement reconnue, notamment à sa figure!.. Elle venait solliciter pour moi!.. (*On entend tirer les verroux au dehors.*) Le geôlier!.. (*Regardant la chemise qu'il tient.*) Mais ces loques!.. s'il les voyait!.. Ah!.. (*Il la met dans sa poche de gauche.*)

LE GEÔLIER, *entrant, avec un encrier et un papier à la main. Il est suivi d'un guichetier, qui porte un panier et une petite cruche qu'il pose à terre à côté de la table; il sort aussitôt* (1).

Allons, signez ça... et vous êtes libre. (*Il montre le papier et met l'encrier sur la table.*)

DURAFLÉ, *joyeux.*

Libre!.. (*Prenant le papier.*) La levée de mon écrou, sans doute... Libre!.. ah!..

Air : *Amis, jamais l' chagrin.*

Est-ce bien vrai? quel spectacle magique,
Un jour nouveau brille à mon horizon...
Devant moi s'ouvre ma boutique...
Derrière moi se ferme ma prison;
Je crains vraiment d'en perdre la raison!
Mon digne ami, conçois-tu mon ivresse,

(1) Le geôlier, Duraflé.

Conçois-tu bien ma joie et mon espoir,
Conçois-tu bien mon bonheur !.. Dès ce soir,
A chaque instant, je verrai ma maîtresse,
Et désormais je ne vais plus te voir !

LE GEÔLIER, *naïvement.*

Moi, je vous aime bien aussi ; mais voyons, signez !

DURAFLÉ, *avec joie, passant près de la table* (1).

Oui, je signe les yeux... ouverts ! (*Après avoir lu bas.*) Comment ?.. quoi ?.. qu'est-ce que c'est que ça ?.. (*Il lit.*) « Moi, Jérôme Duraflé, déclare « consentir au mariage d'Émilie, ma pupille, avec « n'import' qui... » N'import' qui !.. serait-ce un Polonais ?.. (*Relisant et appuyant sur la dernière syllabe de* n'importe.) Ah !.. « n'importe qui de « son choix !.. » Mais de quoi donc se mêle le gouverneur ?

LE GEÔLIER.

Ne lanternons pas.., on a déjà disposé de votre chambre... signez !

DURAFLÉ.

Jamais !.. contraindre ma pupille à se marier selon son goût... Quel est cet abus de pouvoir ?..

LE GEÔLIER.

Vous refusez ?

DURAFLÉ, *voulant lui rendre le papier.*

Net !

LE GEÔLIER, *le refusant.*

Gardez, gardez... vous pouvez vous raviser.

DURAFLÉ.

Oh ! quant à ça !.. (*Il met le papier dans sa poche et passe à droite.*)

LE GEÔLIER (2).

C'est que vous allez être très-mal ; on manque de logement, les maçons font des réparations dans les bâtiments... il va falloir vous donner un compagnon.

DURAFLÉ.

Quoi ?..

LE GEÔLIER.

Et un dur coco, je vous en préviens.

DURAFLÉ, *désolé, à part.*

Un espion... un assassin, peut-être !

LE GEÔLIER, *tirant du panier deux plats bruns recouverts d'une assiette qu'il pose sur la table ainsi que du pain, des verres, des fourchettes, mais pas de couteaux. Il place l'encrier sur la petite tablette à gauche.*

Quand ça vous déplaira, un trait de plume, et vous sortez... (*Il achève de mettre le couvert et remonte.*)

DURAFLÉ, *à part.*

Ah ! je regrette l'autre... il était si entreprenant. Avec lui, du moins, j'aurais pu m'évader... maintenant, plus moyen.

(1) Duraflé, le geôlier.
(2) Le geôlier, Duraflé.

LE GEÔLIER, *qui a ouvert la porte au fond.*

Amenez le prisonnier.

DURAFLÉ, *tombant accablé sur la chaise à droite.*

C'est mon espion !

SCÈNE VII.

LE GEOLIER, CHAMERLAN, DURAFLÉ.

(*Chamerlan est accompagné d'un guichetier, qui sort après l'avoir fait entrer.*)

CHAMERLAN, *en dehors.*

Où me menez-vous ?.. Pourquoi ce déménagement ?.. Je n'ai pas donné congé... (*Il entre, poussé rudement par le guichetier.*)

DURAFLÉ, *à part, se levant.*

Cette voix !..

CHAMERLAN, *reconnaissant la chambre, et à part.*

Dieu ! quelle chance !.. l'échelle de cordes, le barreau...

DURAFLÉ, *avec joie, à part.*

C'est lui !..

LE GEÔLIER, *montrant la table, et achevant d'arranger le couvert.*

Messieurs, voici votre dîner... bon appétit.

DURAFLÉ, *à lui-même.*

Ah ! quelle joie de le retrouver... Il m'a poussé une sueur... (*En croyant prendre son mouchoir, il tire la chemise de sa poche et s'en essuie le visage, puis la remet dans sa poche de droite, de manière à ce qu'une grande partie de la chemise traîne à terre.*)

CHAMERLAN, *vivement et à la dérobée.*

Votre chemise... (*Duraflé ne comprend pas.*) Cachez donc votre chemise. (*Duraflé, se méprenant, rapproche vivement son habit par devant, et marche ; la chemise traîne derrière lui.*)

LE GEÔLIER, *s'en apercevant.*

Hein !.. quoi ?.. (*Il suit Duraflé qui se promène en fredonnant ; il marche sur l'extrémité de la chemise et arrête Duraflé tout court.*) Qu'est-ce que c'est que ça ?..

DURAFLÉ (1).

Eh bien ! ne tirez donc pas... c'est bête !..

LE GEÔLIER.

C'est comme ça que vous arrangez votre linge, vous ?..

DURAFLÉ, *vivement.*

Ce sont mes chemises !..

LE GEÔLIER, *prenant la chemise, et avec dureté.*

Elles sont saisies.

CHAMERLAN, *à part.*

Pas tant que moi.

LE GEÔLIER, *marchant sur Duraflé qui recule et passe à gauche, en remontant.*

Ah ! nous faisons des échelles de cordes !.. (*A Chamerlan.*) Comment trouvez-vous ça, vous ?..

(1) Chamerlan, le geôlier, Duraflé.

(Il lui frappe sur la poche.) Hein !.. Qu'est-ce que c'est?.. *(Tirant des platras de la poche gauche de Chamerlan.)* Des plâtras !..

CHAMERLAN, *à part* (1).

Aïe !..

LE GEÔLIER, *continuant à tirer des pierres de la poche de Chamerlan.*

Des pierres de taille !.. *(Duràflé s'est assis accablé auprès de la table.)*

CHAMERLAN.

Ah ! de petite taille !.. et si peu... si peu... *(En disant cela, il ôte des pierres de sa poche droite et les met dans la poche gauche de Duràflé qui ne s'en aperçoit pas.)* C'est que, voyez-vous, je m'occupe de minéralogie et... pour mes études...

LE GEÔLIER, *tirant toujours des pierres de la poche de Chamerlan.*

Vous démolissez la Bastille.

CHAMERLAN.

Oh ! comme échantillon... *(En continuant à mettre des pierres dans la poche de Duràflé, il en laisse tomber une.)*

LE GEÔLIER, *allant à Duràflé et retirant les pierres de sa poche* (2).

Et l'autre aussi !..

DURAFLÉ, *au comble de la stupéfaction.*

Comment !.. Elles sont donc tombées dans ma poche, car je vous jure...

LE GEÔLIER, *faisant la grosse voix.*

Ah ! ah !..

CHAMERLAN, *cherchant à l'excuser.*

On peut avoir la pierre sans s'en douter.

LE GEÔLIER.

L'un fabrique des échelles... *(A Chamerlan.)* Et vous... vous creusez des trous... On va vérifier ça, et rendre compte au gouverneur.

DURAFLÉ.

Mon cher petit geôlier, ne dites rien... *(Chamerlan, par derrière, fait des gestes de menace au geôlier.)*

LE GEÔLIER.

Vous, signez... c'est ce que vous avez de mieux à faire...

DURAFLÉ, *avec résolution.*

Non, je reste. *(Le geôlier prend son panier et met dedans les pierres et les chemises, qu'il retire de la malle.)*

ENSEMBLE.

Air : *Ah ! quel bruit ! quel bruit ! Dieu ! quel tapage !*

LE GEÔLIER.

Quoi ! vouloir tromper ma surveillance !
Vous sauver tous deux !.. c'est une horreur !
Je ne crois guère à votre innocence :
Mais n'import' ! ça r'gard' le gouverneur !

(1) Duràflé, *très-contrarié*, Chamerlan, le geôlier.
(2) Duràflé, le geôlier, Chamerlan.

DURAFLÉ ET CHAMERLAN, *à part.*

Adieu donc, adieu mon espérance !
Plus moyen de fuir, c'est une horreur !
Entre nous du moins plus de distance,
Et soyons unis dans le malheur !

(Le geôlier sort et ferme la porte.)

SCÈNE VIII.

DURAFLÉ, CHAMERLAN.

CHAMERLAN, *après avoir remonté la scène pour s'assurer que le geôlier s'est éloigné.*

Vous ne partez donc pas ?..

DURAFLÉ.

J'ai refusé.

CHAMERLAN.

Quoi !..

DURAFLÉ.

Je ne veux devoir ma liberté qu'à moi. . qu'à nous... Nous partirons ensemble...

CHAMERLAN, *se jetant dans ses bras.*

Ah ! mon ami !.. Mais, êtes-vous bien sûr de ne pas encore changer d'idée ?..

DURAFLÉ.

Jamais !..

CHAMERLAN.

Un serment, cette fois.

DURAFLÉ.

Soit, un serment.

ENSEMBLE.

Air : du final de *Renaudin de Caen* (premier acte.)

Jurons !
Jurons !
Oui, par le ciel que nous adjurons,
Nous franchirons
Ta grille !
Pour te quitter, sombre Bastille,
En lurons,
Nous travaillerons !

CHAMERLAN.

Nous taperons !

DURAFLÉ.

Nous gratterons !

CHAMERLAN.

Nous percerons !

DURAFLÉ.

Nous briserons !

ENSEMBLE.

Et tous les deux nous filerons !

DURAFLÉ.

Mais quel malheur ! plus d'échelle de corde !

CHAMERLAN, *détachant le barreau qu'il a déjà arraché.*

Non, mais voyez...

DURAFLÉ, *allant à la fenêtre* (1).

Comment, miséricorde!
Avez-vous pu, sans lime, sans marteau?..

CHAMERLAN, *le barreau à la main, ramenant Duråflé sur l'avant scène.*

Pour moi ce n'est pas du nouveau :
On me destinait au barreau!

ENSEMBLE.

Pour moi / Pour lui ce n'est pas du nouevau :
On me / On le destinait au barreau!

CHAMERLAN.

Persistance!

DURAFLÉ.

Et silence!

ENSEMBLE.

Et silence!
Oui, par le ciel que nous adjurons, etc.

CHAMERLAN, *avec chaleur.*

Je ne lambine pas, moi!.. Quand on est venu me chercher dans ma prison, j'étais en train de percer un nouveau trou, et je n'ai eu que le temps d'emplir mes poches.

DURAFLÉ, *avec admiration.*

Quel démolisseur vous faites!..

CHAMERLAN.

Eh bien! quand partons-nous?..

DURAFLÉ.

Mais, il faut attendre la nuit... En plein jour il serait imprudent...

CHAMERLAN.

C'est juste. Eh bien! dînons... cela nous donnera des forces... (*Il va replacer le barreau à la fenêtre.*)

DURAFLÉ (2).

L'idée est bonne!.. (*Il va s'asseoir à la table du côté du mur.*)

CHAMERLAN.

Quel est le menu?.. (*Il prend la chaise de droite et vient s'asseoir à table en face de Duråflé.*)

DURAFLÉ, *découvrant son plat.*

Moi, j'ai du mouton à la purée... et vous?..

CHAMERLAN, *découvrant le sien.*

Moi, de la purée au mouton..

DURAFLÉ.

Un plat de viande et un plat de légumes pour chacun.

CHAMERLAN.

En tout quatre plats... peu variés, mais enfin, quatre plats. . Permettez-moi de vous faire les honneurs de ma portion. (*Il le sert et ils mangent.*)

DURAFLÉ.

A charge de revanche!

(1) Chamerlan, Duråflé.
(2) Duråflé, Chamerlan.

CHAMERLAN, *avec bonheur.*

Quelle joie de dîner ensemble!..

Air : *Pour obtenir celle qu'il aime.*

C'est un plaisir inexprimable!
C'est un bonheur!

DURAFLÉ.

Depuis un mois,
Un ami fidèle à ma table
S'assied pour la première fois.

CHAMERLAN.

Quand on est seul, une grasse poularde,
Un faisan d'or, que l'on truffe et qu'on barde,
Ne vaudront jamais, à mes yeux,
Le mets frugal qu'on mange à deux. (*bis.*)

ENSEMBLE.

Non! non! non! non!
Non, rien ne vaut, pour être heureux,
Le mets frugal qu'on mange à deux.

DURAFLÉ, *prenant la petite cruche qui est à terre à côté de lui et versant à boire.*

Quel dommage de n'arroser ça que d'eau claire! (*Il s'aperçoit qu'il verse du vin.*) Quoi!

CHAMERLAN.

Même air.

Du vin!.. ah! grand Dieu! quel spectacle!

DURAFLÉ.

D'où nous vient-il?

CHAMERLAN.

Pour nous on a
Renouvelé le doux miracle
Qu'on vit aux noces de Cana.

DURAFLÉ, *qui a bu.*

Certes, ce vin n'a rien de remarquable,
Mais l'amitié nous le rend délectable.

(*A Chamerlan, qui boit.*) Comment le trouvez-vous?

CHAMERLAN, *gaiement, en faisant la grimace.*

Ah! sacredié!.... qu'il est bon!.... (*Reprenant l'air.*)

Mais rien ne vaut, pour être heureux,
La piquette qu'on boit à deux! (*bis.*)

ENSEMBLE.

Buvons! (*ter.*)
Trinquons!
Rien ne vaut, pour rendre joyeux,
La piquette qu'on boit à deux!

CHAMERLAN, *après avoir bu de nouveau.*

Allons, allons, on n'est pas trop de deux pour le boire.

DURAFLÉ.

Ah! tenez, rien ne manquerait à mon bonheur, si mon Émilie était en prison avec nous?..

CHAMERLAN.

Comment! votre Émilie?.. Mais la mienne aussi se nomme Émilie.

DURAFLÉ, *avec expansion et en lui serrant la main.*

Encore un lien de plus entre nous. (*Tendant*

son assiette.) Je vous demanderai un peu de purée pour finir mon mouton.

CHAMERLAN, *le servant.*

Et j'ai un rival aussi.

DURAFLÉ.

Que les mille diables d'enfer le patafiolent!.. Voilà ce que je lui souhaite.

CHAMERLAN.

Franchement, j'ai de fortes raisons pour penser que mon Émilie me préfère à un vieil infirme qui n'a que le souffle.

DURAFLÉ, *mangeant.*

Il est infirme?..

CHAMERLAN.

Je n'en sais rien, mais il doit l'être... un homme de cet âge-là!

DURAFLÉ, *de même.*

Il est donc très-vieux?..

CHAMERLAN.

J'aime à le croire... son titre...

DURAFLÉ, *tendant son assiette.*

Je vous demanderai un peu de mouton pour finir ma purée.

CHAMERLAN, *le servant.*

Vous allez bien!

DURAFLÉ.

Comme vous voyez, merci!

CHAMERLAN, *gaiement.*

Heureusement il reste encore un plat.

DURAFLÉ.

Mais comment, vous si impétueux, n'avez-vous pas fait lâcher prise à cette vieille bête?..

CHAMERLAN, *très gaiement.*

Ah! ah! que vous avez bien dit le mot!.. J'y travaillais... et j'avais même trouvé un stratagème des plus piquants... lorsque je fus incarcéré au moment *(Avec un sérieux comique)* où je le désirais le moins.

DURAFLÉ.

C'est comme moi! Après avoir surpris la lettre de ce brigand, savez-vous ce que j'ai fait?

CHAMERLAN.

Non, mais je l'apprendrai avec charme.

DURAFLÉ.

Je vais trouver Saint-Savin...

CHAMERLAN.

Bah!

DURAFLÉ.

Notre ami Saint-Savin... un intime et ma meilleure pratique... il vient tous les jours chez moi... Je lui dis : Saint-Savin, on en veut à mes jours; voilà ce qu'on vient d'écrire à Émilie, ma pupille.

CHAMERLAN, *surpris.*

Votre pupille?.. Elle est votre pupille?..

DURAFLÉ.

Puisque je suis son tuteur... Je demande à Saint-Savin une lettre de cachet...

CHAMERLAN, *avec curiosité et intérêt.*

Une lettre de cachot?.. *(Se reprenant.)* de cachet, en faveur de votre rival?..

DURAFLÉ.

Juste!

CHAMERLAN, *à part.*

Comme moi!

DURAFLÉ.

Saint-Savin me répond : « Mon cher Duraflé... »

CHAMERLAN, *vivement.*

Duraflé!

DURAFLÉ.

Jérôme Duraflé, c'est mon nom.

CHAMERLAN, *à part, avec force.*

C'est bien lui!..

DURAFLÉ, *tendant son assiette.*

Je vous demanderai un peu de purée pour finir mon mouton.

CHAMERLAN, *avec force, se levant et s'emparant du second plat qui est encore intact.*

Il n'y en a plus! *(A part, en gagnant à droite.)* Le tuteur d'Émilie!..

DURAFLÉ, *se levant, remontant un peu et passant à la gauche de Chamerlan avec l'intention de prendre le plat que Chamerlan tient des deux mains* (1).

Qu'avez-vous donc?..... *(Il veut prendre le plat.)*

CHAMERLAN, *par un brusque mouvement de sa gauche à sa droite éloignant le plat de Duraflé.*

Il n'y en a plus!!!

DURAFLÉ.

Comme vous êtes agité! *(Il passe à la droite de Chamerlan et veut de nouveau prendre le plat.)*

CHAMERLAN, *retirant encore le plat ; il dit avec une fureur concentrée* (2).

Moi!.. c'est que ça m'intéresse... Continuez.... *(Il remonte la scène, passe à gauche et remet le plat sur la table.)*

DURAFLÉ, *passant à droite* (3).

Ce cher ami!.. comme il prend part à ce qui me regarde!

CHAMERLAN, *à part.*

En voilà un qui va me passer par les mains!

DURAFLÉ.

Saint-Savin me dit en souriant : « Ça se fera. »

CHAMERLAN, *à part.*

Ça s'est fait!.. Ah! le gueux!

DURAFLÉ.

Mais quand il en a parlé au ministre, celui-ci se sera probablement rappelé ces terribles vers que j'avais eu l'imprudence de signer..... vous savez...

(1) Chamerlan, Duraflé.
(2) Duraflé, Chamerlan.
(3) Chamerlan, Duraflé.

« On croit, non sans bonnes raisons,
« L'amour de toutes les saisons... »

CHAMERLAN, *avec rudesse.*

Je les connais.

DURAFLÉ, *continuant.*

« Il est le plus puissant monarque... »

CHAMERLAN, *avec force.*

Assez!.. (*A part, en marchant avec agitation, pendant que Duråflé dit à voix basse le dernier vers de son quatrain :* Que chacun ici-bas remarque.) Comment vais-je m'y prendre pour lui casser les reins, sans que ça paraisse trop?

DURAFLÉ.

Mais ce n'est pas tout... La liberté qu'on m'offre, c'est à la condition qu'Émilie aura le droit de disposer de sa main.

CHAMERLAN.

Quoi!..

DURAFLÉ, *lui donnant le papier que le geôlier lui a remis.*

Lisez.

CHAMERLAN, *à part.*

C'est Émilie qui aura eu cette idée-là... (*Avec joie.*) O ange!.. Elle veut lui escroquer son consentement...

DURAFLÉ.

Ils veulent donc que je la livre à mon rival... à mon cauchemar de rival!.. Gueux de Chamerlan!.. J'en rêve, Monsieur!.. Son nom même me poursuit par tronçons... je rêve de chat, je rêve de merlan... Et je signerais ça?..

CHAMERLAN, *se rapprochant de lui.*

Pourquoi pas?.. Songez donc que si vous refusez de signer on vous gardera ici...

DURAFLÉ, *tristement.*

Oui.

CHAMERLAN.

Vous resterez coffré jusqu'à la majorité de votre Émilie...

DURAFLÉ.

Trois ans, c'est long...

CHAMERLAN.

Dans trois ans, vous serez un homme complétement hors de service...

DURAFLÉ, *avec bonhomie.*

Je serai hors de service... Mais, puisque nous allons nous sauver?..

CHAMERLAN.

Et si l'on nous surprend?.. Nous en avons pour le restant de nos jours... peut-être plus!

DURAFLÉ.

Oh! c'est triste...

CHAMERLAN.

Une fois majeure, votre pupille épousera tous ceux qu'elle voudra, à votre nez, à votre barbe.

DURAFLÉ, *répétant d'un ton piteux et convaincu.*

A ma barbe.

CHAMERLAN.

Et vous passerez pour un imbécile.

DURAFLÉ, *tristement.*

Dans trois ans.

CHAMERLAN.

Pourquoi pas tout de suite?.. Signez; car, si vous sortez, vous pouvez ennuyer beaucoup votre rival en faisant des vers comme vous en faites...

DURAFLÉ, *avec conviction.*

Oui!.. il a ma foi raison... (*Avec attendrissement.*) Mais, ce qui me chagrine, c'est de vous laisser seul, mon pauvre ami..

CHAMERLAN, *avec brusquerie.*

Ne vous inquiétez pas de ça...

DURAFLÉ.

Air : *En vérité, je vous le dis.*

Je ne sais comment m'acquitter :
Un si beau dévoûment m'étonne.
(*Étendant les mains comme pour le bénir.*)
Pour récompens' que Dieu vous donne
Ce que je puis vous souhaiter;
Quelque jour il paira ma dette!

CHAMERLAN.

Moi, sans vouloir tout ajourner,
Tout ce qu'ici je vous souhaite...
(*Avec intention, et faisant à part un geste de menace.*)
Je me charg' de vous le donner!

DURAFLÉ.

La liberté... je comprends...

CHAMERLAN, *allant prendre l'encrier sur la tablette et le mettant, ainsi que le papier, sur la table.*

Signez, au nom de votre bonheur!

DURAFLÉ, *allant à la table* (1).

Je vais donc être libre! (*Il signe.*)

CHAMERLAN, *à part.*

J'aurais dû lui fourrer quelque chose dans sa nourriture. Mais... (*Appuyant.*) j'ai mon projet.

DURAFLÉ, *lui remettant le papier.*

Voilà!

CHAMERLAN, *appelant.*

Geôlier!.. geôlier!..

DURAFLÉ, *de même.*

Christophe!

CHAMERLAN, *frappant à la porte.*

Holà!.. hé!.. garçon!

DURAFLÉ, *de même.*

A la boutique!

SCÈNE IX.

DURAFLÉ, LE GEOLIER, CHAMERLAN.

LE GEÔLIER, *entrant.*

Qu'est-ce qu'il y a?.. qu'est-ce qu'il y a?..

(1) Duråflé, Chamerlan.

CHAMERLAN, *lui donnant le papier.*

Ceci au gouverneur!

DURAFLÉ, *au geôlier.*

J'ai signé!

LE GEÔLIER.

Ah! vous vous êtes donc décidé enfin! Dans une heure vous prendrez de l'air. *(Il sort et ferme la porte et les verroux.)*

SCÈNE X.

DURAFLÉ, CHAMERLAN.

DURAFLÉ, *avec admiration.*

Et c'est lui qui m'engage à l'abandonner!... *(Se jetant dans les bras de Chamerlan.)* O homme remarquable!.. C'est bien maintenant que je suis votre Pylade et vous mon Baucis! Permettez-moi de vous tutoyer?

CHAMERLAN, *avec rudesse.*

Tout à l'heure.

DURAFLÉ.

Mais soyez tranquille... une fois libre, j'intriguerai pour vous, pour mon cher... *(Riant.)* Ah! ah! voilà qui est assez bizarre, je ne sais pas encore votre nom... *(Le pressant de nouveau dans ses bras.)* Le nom de mon meilleur ami!

CHAMERLAN, *riant avec Durâflé.*

Ah! ah! ah! vous ne savez pas le nom de votre meilleur ami... ah! ah! ah! *(Se croisant les bras et d'une voix terrible en avançant sur Durâflé qui recule.)* Je me nomme Chamerlan!..

DURAFLÉ, *reculant avec épouvante.*

Quoi!

CHAMERLAN, *marchant sur lui.*

Oui... C, h, a, Cha; m, e, r, Chamer; l, a, n, lan, merlan... Chamerlan!.. comprends-tu?

DURAFLÉ, *passant à droite, en reculant toujours devant Chamerlan.*

Grand Dieu!

CHAMERLAN (1).

Ton rival!.. celui qu'Émilie adore!..

DURAFLÉ.

Ah! scélérat!.. Saint-Savin m'a donc tenu parole!

CHAMERLAN, *très-animé.*

Il m'a tenu parole aussi, à moi... car c'est moi qui t'ai fait fourrer dedans... c'est moi, moi, entends-tu bien, qui t'y ai fait insérer et incarcérer... et non tes exécrables vers à mirliton, qui ne sont propres tout au plus qu'à...

DURAFLÉ, *se révoltant.*

Monsieur, ce ton de familiarité...

CHAMERLAN.

Je te tutoie, quoi! je te tutoie! ne m'en as-tu pas prié, cuistre?

(1) Chamerlan, Durâflé.

DURAFLÉ, *se révoltant.*

Ah mais! *(Se calmant.)* n'importe! je vais partir, moi!.. et ce qui me réjouit, c'est que du moins je laisse mon rival en prison! *(Riant.)* Et c'est lui qui m'a fait signer!. Ah! ah! ah! je ris! c'est à lui que je devrai de revoir mon Émilie! ah! ah! ah!

CHAMERLAN, *riant aussi.*

Ah! ah! ah! *(Ils rient ensemble.)* Tu me crois donc bien bête, confiseur?.. mais c'est toi qui y resteras en prison... c'est moi qui partirai, pour profiter de l'autorisation que tu m'as donnée d'épouser ta pupille, crétin!

DURAFLÉ.

Vous partirez?

CHAMERLAN.

Oui.

DURAFLÉ.

Et comment?

CHAMERLAN.

Ah! mon Dieu! le moyen le plus simple... un moyen qu'un enfant aurait trouvé. *(Tranquillement.)* Je vas te tuer!

DURAFLÉ, *effrayé.*

Plaît-il? *(Il recule.)*

CHAMERLAN.

Je dis que je vas te tuer!

DURAFLÉ, *de plus en plus effrayé.*

J'avais bien entendu!..

CHAMERLAN, *allant le prendre par la main et le ramenant au milieu du théâtre.*

Après quoi, je me revêts de tes habits, et quand le geôlier viendra, grâce à l'obscurité, il me prendra pour toi et... je file en silence comme fait le macaroni.

DURAFLÉ.

Mais c'est un guet-apens!

CHAMERLAN.

Oui! pas autre chose.

DURAFLÉ.

Mais je m'y oppose!

CHAMERLAN.

Préfères-tu un duel?

DURAFLÉ.

Oui!

CHAMERLAN.

Que le sort des armes en décide! *(Il remonte.)*

DURAFLÉ, *passant à gauche* (1).

Ah! j'aime mieux ça... ça me donne du temps... je vous attendrai demain à la porte Maillot.

CHAMERLAN, *allant à la fenêtre.*

Pas demain... tout de suite!

DURAFLÉ.

Mais des armes?.. nous n'en avons pas!

CHAMERLAN, *prenant le barreau descellé. Il est essentiel que ce barreau soit en fer.*

Voici les miennes!

(1) Durâflé Chamerlan.

DURAFLÉ.

Eh bien! et moi? je n'ai rien.

CHAMERLAN.

C'est inutile!.. nous nous servirons de cette barre tour à tour.

DURAFLÉ.

Plaît-il?

CHAMERLAN.

Je dis: nous nous servirons de cette barre tour à tour!

DURAFLÉ, *effrayé.*

J'avais bien entendu.

CHAMERLAN.

Je vais d'abord vous en asséner un coup formidable sur le chef... vous comprenez... ensuite je vous la repasserai.

DURAFLÉ.

Ah! le bandit!.. je saisis son idée.

CHAMERLAN.

J'ai barre sur vous, vous aurez barre sur moi. (*Il lève le barreau.*)

DURAFLÉ.

Un moment!.. un moment!.. alors, je demande à tirer au sort à qui tapera le premier!

CHAMERLAN, *baissant son barreau.*

Je veux bien te faire cette concession. (*Il a mis la main dans sa poche et la lui présente fermée.*) Pair ou non?

DURAFLÉ, *à part.*

Ah! que je voudrais être à ma boutique! (*Haut, après quelque hésitation.*) Pair!

CHAMERLAN, *remettant la main dans sa poche, et sans en avoir montré le contenu.*

Tu as perdu.

DURAFLÉ.

Comment! Mais...

CHAMERLAN, *avec force.*

Douterais-tu de ma parole!

DURAFLÉ.

Non... mais je demande des témoins!.. On ne se bat pas sans témoins!

CHAMERLAN.

Ah!.. ça, c'est juste.

DURAFLÉ, *avec joie.*

Oh!.. chacun son témoin!..

CHAMERLAN.

Oui!.. je serais le tien!.. tu seras le mien!.. Tu vois que je t'accorde tout ce que tu demandes... (*Levant son barreau.*) Es-tu prêt?

DURAFLÉ, *auprès de la table et en pleurant.*

Je vous prie de finir vos bêtises!.. Me prenez-vous pour une huître?

CHAMERLAN.

Oh! j'aime trop les huîtres pour leur faire une pareille injure!.. En garde! (*Il est important que, pendant cette scène de menace, les personnages soient toujours à une certaine distance l'un de l'autre.*)

DURAFLÉ.

Je vas crier!

CHAMERLAN, *le poursuivant autour de la table.*

Et moi, je vais taper!.. Ah! tu refuses!.. Je saurai bien te forcer à faire volte-face!.. (*Il lui donne un coup de pied.*) En garde!

DURAFLÉ (1).

Ah! quelle petitesse!

CHAMERLAN, *à part.*

Je l'ai flétri!.. (*Haut.*) Te battras-tu, maintenant?...

DURAFLÉ, *remontant et criant.*

A la garde!

CHAMERLAN, *le menaçant.*

Veux-tu bien te taire!

DURAFLÉ, *d'une voix étouffée par la peur, et blotti contre le mur, auprès de la fenêtre, à gauche.*

Je me tais! (*Ici on aperçoit une lumière à travers un grillage qui est au-dessus de la porte.*)

CHAMERLAN, *à part.*

Une lumière! chut!.. (*Il va écouter à la porte.*)

DURAFLÉ, *à part, regardant par la fenêtre.*

Que vois-je?.. Les maçons ont oublié une échelle... En suivant le parapet... fuyons ce forcené! (*Il se précipite, passe la tête et les bras dans l'espace laissé vide par le barreau descellé, et reste pris par le milieu du corps dans une position horizontale. — La lumière disparaît.*)

CHAMERLAN, *à part, posant son barreau au fond.*

La lumière s'éloigne... partons... Adieu, camarade!.. (*Il descend, jette un regard autour de lui et ne voit plus Duraflé.*) Eh bien! Où est-il donc?... (*Le voyant à la fenêtre.*) Ah! le voilà!.. (*Il va à lui et le pousse.*)

DURAFLÉ.

Aïe!.. ne poussez pas... c'est trop étroit... je ne peux pas passer!..

CHAMERLAN, *le tirant par une jambe.*

Retirez-vous, alors.

DURAFLÉ.

Je ne peux pas me retirer...

CHAMERLAN.

Mille carabosses!.. Je n'ai qu'un moyen de me sauver... et il me bouche le trou!.. Attendez... j'ai une idée...

DURAFLÉ.

Ah! tant mieux!..

CHAMERLAN, *fouillant à sa poche.*

Je vais vous couper par morceaux.

DURAFLÉ, *s'agitant.*

Monsieur! Monsieur! ne m'approchez pas. (*Il lance des ruades à Chamerlan.*)

CHAMERLAN.

Il rue à présent!.. ne ruez pas!.. ne ruez pas,

(1) Chamerlan, Duraflé.

sapristi! *(On entend ouvrir la porte. Le geôlier entre; il a un gros bouquet et des rubans à son habit. Il va prendre Duràflé par les épaules, et cherche à le dégager; Chamerlan de son côté, tire le geôlier. Ce jeu de scène a lieu pendant le chœur suivant qui s'attaque à l'entrée du geôlier.*

SCÈNE XI.

CHAMERLAN, LE GEOLIER, DURAFLÉ.

ENSEMBLE.

Air du *Lac des Fées.*

LE GEÔLIER.

Ah! je devin' leurs projets :
La posture est gentille!
Il s'est pris dans la grille,
Dans ses propres filets!
Ah! je comprends ses regrets :
Quell' torture
Il endure!
Quand ici (*bis.*) j' leur apporte la paix!

DURAFLÉ, *dans la grille,* ET CHAMERLAN.

Ah! je croyais au succès :
Je suis / Il est pris dans la grille;
De l'affreuse bastille
Comment fuir désormais?
Ah! pour moi que de regrets!
Quell' torture
J'endure!
Me voilà (*bis.*) plus captif que jamais!

(A la fin de l'ensemble, Duràflé, tiré violemment par le geôlier et par Chamerlan, se trouve tout à coup sur ses jambes; dans la secousse, Chamerlan a envoyé le geôlier, à gauche.)

DURAFLÉ, *jetant un cri* (1).

Ah!.. je suis désossé!

CHAMERLAN, *à part.*

Nous sommes pris!

DURAFLÉ, *apercevant le geôlier, qui revient au milieu* (2).

Le geôlier!

CHAMERLAN.

Mais dans quelle saison sommes-nous donc, pour que les geôliers soient en fleurs?

LE GEÔLIER.

Messieurs, c'est pour célébrer votre délivrance.

CHAMERLAN ET DURAFLÉ.

Comment?..

LE GEÔLIER, *leur remettant à chacun une lettre.*

Lisez!

CHAMERLAN, *lisant.*

« Mon cher Chamerlan... »

DURAFLÉ, *de même.*

« Mon cher Duràflé... » C'est de Saint-Savin!

(1) Le geôlier, Chamerlan, Duràflé.
(2) Chamerlan, le geôlier, Duràflé.

CHAMERLAN.

C'est de Saint-Savin!..

DURAFLÉ, *lisant.*

« Vous vouliez éloigner votre rival jusqu'au « mariage d'Émilie... »

CHAMERLAN.

C'est une circulaire. (*Lisant.*) « Monsieur de la « Vrillière, faisant droit à la requête de chacun « de vous, a, sur mes instances, daigné... »

DURAFLÉ, *lisant.*

« Convertir votre détention à la Bastille... »

CHAMERLAN, *lisant.*

« En un mois de séjour dans ma maison de « campagne... »

DURAFLÉ ET CHAMERLAN.

Ah! bah!

LE GEÔLIER, *riant.*

Eh! oui, vous êtes à Picpus, chez M. de Saint-Savin, dont j' suis l' jardinier. (*Riant.*) Ah! ah! ah!

CHAMERLAN.

Une maison de campagne?.. ah! que c'est petit!..

LE GEÔLIER.

Mais non, il y a quinze arpents.

CHAMERLAN.

Je parle du procédé, qui certainement ne les a pas.

DURAFLÉ.

Comment!.. ce donjon?

LE GEÔLIER.

C'est le pigeonnier.

CHAMERLAN ET DURAFLÉ.

Mais dans quel but?.. lisons.

DURAFLÉ, *lisant.*

« Émilie a profité de l'autorisation de son tu- « teur... »

CHAMERLAN, *lisant.*

« Pour faire un choix. » (*Parlé et d'un air de triomphe.*) Ah! chère Emilie!.. je savais bien, moi!..

DURAFLÉ, *lisant.*

« Elle est ma femme! »

CHAMERLAN, *se méprenant.*

Comment, votre femme?

DURAFLÉ.

Sa femme! la femme de Saint-Savin!

LE GEÔLIER.

Ils s' marient... dans ce moment ici! (*Il va à la table et range.*)

DURAFLÉ ET CHAMERLAN (1).

Grand Dieu!

DURAFLÉ.

Emilie, se conduire ainsi!

CHAMERLAN, *d'un air de mépris.*

Ah! voulez-vous que je vous dise : elle s'est conduite comme un polisson!

(1) Le geôlier, Chamerlan, Duràflé.

DURAFLÉ, *désolé.*

Après ce quatrain que j'ai fait pour elle :

« On croit, non sans bonnes raisons... »

CHAMERLAN, *l'interrompant.*

Ne me le dites pas, Monsieur!

DURAFLÉ.

Je l'aimais tant!.. ah! j'ai besoin de prendre quelque chose contre l'amour!

CHAMERLAN.

Contre les vers, surtout!

DURAFLÉ.

Ah! que du moins l'amitié nous console des avanies de l'amour! (*Il se jette dans les bras de Chamerlan.*) Oublions-la.

CHAMERLAN.

Oui! nous nous vengerons!

DURAFLÉ.

J'ai mon affaire... Je connais une jeune fille jolie...

CHAMERLAN, *avec intérêt.*

Jolie?

DURAFLÉ.

Très-jolie.

CHAMERLAN.

Très-jolie!..

DURAFLÉ.

Je l'épouse...

CHAMERLAN.

Ah! sapristi!.. Monsieur, vous me donnez une idée!..

DURAFLÉ.

Je serai heureux...

CHAMERLAN.

Nous serons heureux... je fréquenterai votre maison...

DURAFLÉ, *lui prenant la main.*

Oh! je vous en prie...

CHAMERLAN.

Et un jour, on dira de vous, dans le quartier des Lombards : Ci-gît Duraflé, confiseur ; il épousa une femme adorable... Chamerlan fut son ami... et... ils eurent beaucoup d'enfants!..

DURAFLÉ, *l'embrassant avec transport.*

Quelle perspective!..

LE GEÔLIER, *qui est allé à la fenêtre* (1).

Les v'là qui sortent de l'église. (*Il retourne à gauche.*)

DURAFLÉ, *courant à la fenêtre* (2).

La voilà!.. Bombardons-la de mes vers... pour lui donner des remords!.. (*Il chante avec mauvaise humeur.*)

Air du *Charlatanisme.*

« On croit, non sans bonnes raisons... »

CHAMERLAN.

V'là qu'il retombe en poésie!

DURAFLÉ.

« L'amour de toutes les saisons... »

CHAMERLAN, *allant le prendre par le bras, le ramenant vivement, et le faisant passer à gauche* (3).

Laissez donc là notre Émilie!
Au public seul exprimons nos regrets.

DURAFLÉ, *absorbé dans son idée et continuant sur le devant de la scène.*

« Il est le plus puissant monarque... »

CHAMERALN.

Raison de plus... conjurons ses arrêts,
En le priant de nous faire un succès...
(*Il cherche une qualification.*)

DURAFLÉ, *continuant sans écouter Chamerlan.*

« Que chacun ici-bas remarque. »

CHAMERLAN, *parlé.*

Tiens, mais ça va... il a le sens commun sans s'en douter. (*Au public.*)

Puiss' le public nous donner un succès...

ENSEMBLE.

Que chacun ici-bas remarque! (*bis.*)

(*Le geôlier, qui a été ouvrir la porte, leur fait signe qu'ils peuvent sortir. Chamerlan et Duraflé se mettent amicalement la main sur l'épaule et sortent, en se tenant enlacés pendant la ritournelle finale.*)

(1) Chamerlan, Duraflé, le geôlier à la fenêtre.
(2) Le geôlier, Chamerlan, Duraflé à la fenêtre.
(3) Le geôlier, Duraflé, Chamerlan.

FIN.

LAGNY. — Imprimerie de VIALAT et Cie.

EN VENTE CHEZ LE MÊME ÉDITEUR :

Titre	Prix
L'Aïeule.	75
Un Monstre de Femme.	40
La Jeunesse de Charles Quint.	60
Le Vicomte de Létorières.	60
Les Fées de Paris.	50
Pour mon Fils.	50
Lucienne.	50
Les Jolies Filles de Stilberg.	40
L'Enfant de Chœur.	50
Le Grand Paladin.	60
La Tante mal Gardée.	40
Les Circonstances atténuantes.	40
La Chasse aux Vautours.	40
Les Batignollaises.	40
Une Femme sous les Scellés.	40
Les Aides de Camp.	50
Le Mari à l'essai.	50
Chez un Garçon.	40
Joket's-Club.	40
Mérovée.	50
Les deux Couronnes.	60
Au Croissant d'Argent.	50
Le Château de la Roche-Noire.	40
Mon illustre Ami.	40
Talma en congé.	40
L'Omelette Fantastique.	50
La Dragonne.	50
La Sœur de la Reine.	60
La Vendetta.	50
Le Poète.	50
Les Informations Conjugales.	50
Le Loup dans la Bergerie.	50
L'Hôtel de Rambouillet.	60
Les deux Impératrices.	60
La Caisse d'Épargne.	60
Thomas le Rageur.	50
Derrière l'Alcôve.	40
La Villa Duflot	50
Péroline.	50
La Femme à la Mode.	40
Les égarements d'une Canne et d'un Parapluie.	60
Les deux Ânes.	30
Foliquet, coiffeur de Dames.	50
L'Anneau d'Argent.	40
Recette contre l'Embonpoint.	50
Don Pascale.	40
Mademoiselle Déjazet au Sérail.	40
Touboulie le Cruel,	40
Hermance.	60
Les Canuts.	50
Entre Ciel et Terre.	40
La Fille de Figaro.	60
Métier et Quenouille.	50
Angélique et Médor.	50
Loïsa.	60
Jocrisse en Famille.	40
L'autre Part du Diable.	50
La Chasse aux Belles Filles.	60
La Salle d'Armes.	40
Une Femme compromise.	60
Patineau.	50
Madame Roland.	60
L'Esclave du Camoëns.	50
Les Réparations.	50
Mariage du Gamin de Paris.	50
Veille du Mariage.	40
Paris bloqué	60
Un Ménage Parisien.	»
La Bonbonnière.	50
Adrien.	50
Pierre le Millionnaire.	60
Carlo et Carlin.	60
Le Moyen le plus sûr.	50
Le Papillon Jaune et Bleu.	50
Une Séparation.	40
Le roi Dagobert.	60
Frère Galfâtre	60
Nicaise à Paris.	40
Le Troubadour-Omnibus.	50
Un Mystère.	60
Le Billet de fairepart.	60
Pulcinella.	60
Fiorina.	60
La Sainte-Cécile.	60
Follette.	50
Deux Filles à Marier.	50
Monseigneur.	60
A la Belle Étoile.	40
Un Ange tutélaire.	50
Un Jour de Liberté.	60
Wallace.	60
L'Écolier d'Oxford.	40
L'Oiseau du Bocage.	40
Paris à tous les Diables.	60
Une Averse.	50
Madame de Cérigny.	60
Le Fiacre et le Parapluie.	50
Morale en action.	50
Liberté Libertas.	50
L'Île du Prince Toutou.	40
Mimi Pinson.	50
L'Article 170.	50
Les deux Viveurs.	60
Les deux Pierrots,	50
Seigneur des Broussailles.	50
Deux Tambours.	50
Constant la Girouette.	40
L'Amour dans tous les Quartiers.	60
Madame Bugolin.	50
Petit Poucet.	60
Camoëns.	60
Escadron Volant.	50
Le Lansquenet.	50
Une Voix.	50
Agnès Bernau.	60
Amours de M. Denis.	50
Porthos.	50
La Pêche aux Beaux-Pères.	60
Révolte des Marmousets.	40
Le Troisième Mari.	50
Un Premier Souper.	50
L'Homme à la Mode.	60
Une Confidence.	60
Le Ménétrier.	60
L'Almanach des 25,000 Adresses.	60
Une Histoire de Voleurs.	50
Les Murs ont des Oreilles.	60
L'Enseignement Mutuel.	60
La Charbonnière	60
Le Code des Femmes.	50
On demande des Professeurs.	50
Le Pot aux Roses.	50
La Grande et les Petites Bourses.	50
L'Enfant de la Maison.	50
Riche d'Amour.	60
La Comtesse de Moranges.	60
L'Amazone.	50
La Gloire et le Pot-au-Feu.	50
Les Pommes de terre malades.	60
Le Marchand de Marrons.	60
V'là ce qui vient d' paraître.	60
La Loi salique.	60
Nuage au Ciel.	50
L'Eau et le Feu	50
Beaugaillard.	50
Mardi Gras.	40
Le Retour du Conscrit.	40
Le Mari perdu.	60
Dieux de l'Olympe.	60
Le Carillon de Saint-Mandé.	50
Geneviève.	60
Mademoiselle ma Femme.	50
Mal du Pays.	50
Veuve de quinze ans.	50
Garde-Malade.	50
Fruit défendu.	40
Un Cœur de Grand'Mère.	50
Nouvelle Clarisse.	60
Place Ventadour.	60
Nicolas Poulet.	50
Roch et Luc.	50
La Protégée sans le savoir.	60
Une Fille Terrible	50
La Planète à Paris.	50
L'Homme qui se cherche.	50
Maître Jean.	60
Ne touchez pas à la Reine.	»
Une année à Paris.	60
Amour et Biberon.	50
En Carnaval.	50
Bal et Bastringue.	50
Un Bouillon d'onze heures	40
Cour de Biberack.	50
D'Aranda.	60
Partie à Trois.	50
Une Femme qui se jette par la fenêtre.	60
Avocat Pédicure.	50
Trois Paysans.	50
Chasse aux Jobards.	50
Mademoiselle Grabutot.	50
Père d'occasion.	50
Croquignole.	50
Le chevalier de Saint-Remy.	60
Malheureux comme un Nègre.	50
Un Vœu de jeune Fille.	50
Secours contre l'Incendie.	50
Chapeau Gris.	50
Sans Dot.	50
La Syrène du Luxembourg.	50
Homme Sanguin.	50
La Fille obéissante.	50
O'nés.	50
La Croisée de Berthe.	50
La Filleule à Nicot.	50
Les Charpentiers.	50
Mademoiselle Faribole.	50
Un Cheveu Blond.	50
Les Impressions de Ménage.	50
L'Homme aux 160 Millions.	60
Pierrot Posthume.	50
La Déesse.	60
Une Existence décolorée.	50
Elle... ou la Mort!	50
Didier l'honnête Homme.	60
L'Enfant de quelqu'un.	60
Les Chroniques bretonnes.	50
Haydée ou le Secret.	»
L'Art de ne pas donner d'Étrennes.	50
Le Puff.	»
La Tireuse de Cartes.	50
La Nuit de Noël.	»
Christophe le Cordier.	50
La Rose de Provins.	50
Les Barricades de 1848.	40
34 Francs! ou sinon!...	50
La Fille du Matelot.	60
Les deux Pommades.	40
La Femme blasée.	50
Les Filles de la Liberté.	50
Hercule Belhomme.	60
Don Quichotte.	50
L'Académicien de Pontoise.	50
Ah! Enfin!	50
La Marquise d'Aubray.	60
Le Gentilhomme campagnard.	50
Les Peureux.	40
Le Chevalier de Beauvoisin.	50
Le Gentilhomme de 1847.	60
La Rue Quincampoix.	60
L'Ange de ma Tante.	50
La République de Platon.	50
Le Club des Maris.	50
Oscar XXVIII.	60
Une Chaîne Anglaise.	60
Un Petit de la Mobile.	60
Histoire de rire.	50
Le Serpent de la Paroisse.	50
Agénor le Dangereux.	50
Roger Bontemps.	50
L'Été de la Saint-Martin.	50
Jeanne la Folle.	»
Les suites d'un Feu d'Artifice.	50
O Amitié!..... ou les trois Époques.	60
La Propriété, c'est le Vol.	60
La Poule aux Œufs d'Or.	60
Élevés ensemble.	50
L'Hôtellerie de Genève.	60
A bas la Famille ou les Banquets.	50
Daniel.	»
Le Voyage de Nannette.	50
Titine à la Cour.	50
Le baron de Castel-Sarrazin.	50
Madame Marneffe.	60
Un Gendre aux Épinards.	50
Madame veuve Larifla.	50
La Reine d'Yvetot	50
Les Manchettes d'un Vilain.	60
Le Duel aux Mauviettes.	50
Les Filles du Docteur.	60
Un Turc pris dans une porte.	50
Les Grenouilles.	40
Ce qui manque aux Grisettes.	50
La Poésie des Amours et...	50
Les Viveurs de la Maison-d'Or.	60
Un Troupier dans les Confitures.	60
Ma Tabatière.	50
Gracioso.	60
E. H.	50
Trompe-la-Balle.	50
Un Vendredi.	50
Le Gibier du Roi.	50
Breda-Street.	50
Adrienne Lecouvreur.	»
Sans le Vouloir.	50
Les Femmes socialistes.	50
Le Mobilier de Bamboche.	40
Les Beautés de la Cour.	60
La Famille.	60
L'hurluberlu.	50
Un Cheveu.	50
L'Âne à Baptiste.	60
Les Prodigalités de Berthrette.	50
Les Bourgeois des Métiers.	60
La Graine de Mousquetaires.	60
Les Faubourgs de Paris.	60
La Montagne qui accouche.	50
Le Juif-Errant.	40
Adrienne de Carotteville.	50
Un Socialiste en Province.	50
Le Marin de la Garde.	50
Une Femme qui a une Jambe de bois.	50
Mauricette.	60
Une Semaine à Londres.	60
Le Cauchemar de son propriétaire.	50
Le Marquis de Carabas.	60
La Ligue des Amants.	60
Les Sept Billets.	60
Passe-temps de Duchesse.	60
Les Cascades de Saint-Cloud.	60
Lorettes et Aristos.	60
Les Compatriotes.	50
Un Tigre du Bengal.	60
Le Congrès de la Paix.	50
Les Représentants en vacances.	60
Les Grands Écoliers en vacances.	50
Un Intérieur comme il y en a tant!	50
Le Moulin Joli.	50
La Rue de l'Homme armé.	60
La Fée aux Roses.	»
Babet.	50
Un Lièvre en sevrage.	50
Evelyne.	50
Trumeau	50
Mademoiselle Carillon.	50
L'Héritier du Czar.	60
Rhum.	60
Les Associés.	50
Les Fredaines de Troussard.	50
Les Partageux.	50
Daphnis et Chloé.	50
Malbranche.	60
La fin d'une République.	60
La Croix de Saint-Jacques.	60
Paris sans Impôts.	60
Un Quinze-Vingt.	50
Les Gardes Françaises.	50
Les Vignes du Seigneur.	50
La Perle des Servantes.	50
Un Ami malheureux.	60
Un de perdu, une de retrouvée.	50
La République des Lettres.	50
Figaro en prison.	50
La Dame de Trèfle.	50
Le Ver luisant.	50
Les Secrets du Diable.	60
Deux vieux Papillons.	60
La Mariée de Poissy.	50
L'Homme aux Souris.	50
Le Baiser de l'Étrier.	50
Héloïse et Abailard.	60
Une Veuve inconsolable.	60
L'Homme au petit Manteau bleu.	60

LAGNY. — Imprimerie de Vialat et Cie.

www.ingramcontent.com/pod-product-compliance
Lightning Source LLC
LaVergne TN
LVHW020501230826
846091LV00008BA/3306

* 9 7 8 2 0 1 3 6 9 6 8 3 8 *